# Lippisches Allerlei

Meinen besonderen Dank möchte ich meiner Frau Ursula aussprechen
welche mir geduldig mit Rat und Tat zur Seite gestanden hat.

Kurt von der Heide

# Lippisches Allerlei
## Alles – aber kein Kochbuch

*Bibliografische Information der Deutschen Nationalbibliothek:*
*Die Deutsche Nationalbibliothek verzeichnet diese Publikation in der Deutschen Nationalbibliografie; detaillierte bibliografische Daten sind im Internet über http://dnb.dnb.de abrufbar.*

© 2013 Kurt von der Heide

*Herstellung und Verlag: BoD – Books on Demand, Norderstedt*
*ISBN: 978-3-7357-8727-9*

# INHALTSVERZEICHNIS

Prolog – 7
Das Lipperland – 8
Des Lippers größte Liebe – 11
Bauerngespräch – 14
Die schlauen vier – 16
Das Kostümfest – 19
Eine lippische Prinzessin – 24
Immer wieder Schönes sehen – 28
Ein Lipper beim Arzt – 31
Ein Tourist in Lippe – 35
Ein liebevolles Ehepaar – 38
Sauberkeit – 42
Spiegel der Wahrheit – 45
Dumm gelaufen – 48
Ein trauriges Ereignis – 51
Der alte und der junge Hahn – 54
Der Kartoffelacker – 57
Alles klar? – 60
Nächstenliebe –62

Therapie – 66
Auf dem Friedhof - 69
Kassandra - 72
Der Garten - 76
Eine besondere Familie - 78
Medizinischer Picasso - 83
Es lebe die Baustelle - 87
Die Küchenfee - 92
Der Feuerwehrmann - 96
Rentnerprobleme – 99
Sushi – 102
Epilog - 104

# **PROLOG**

*Wie entstand der Kupferdraht?*
*Als sich zwei Lipper gleichzeitig nach einem Pfennig bückten und nicht aufhörten daran zu ziehen.*
*So geht der Witz, der belegen soll, dass die Lipper die Schotten Westfalens sind.*
*Falsch daran ist jedoch, dass die Lipper Westfalen sind: Lipper sind einfach nur Lipper und fühlen sich als eine eigene Nation.*
*__Lipper kann man nicht werden, man muss es von Geburt und Abstammung sein.__*
*Und für einen echten Lipper gehört Deutschland zu Lippe und nicht umgekehrt!*
*Somit ist der Beweis erbracht, dass die Lipper auch eine gute Portion Humor besitzen – wie dieses Buch belegen wird.*

\*\*\*

# **DAS LIPPERLAND**

*Unser Herrgott in einer besonders weisen Stunde*
*Schuf ein Land, das seitdem in aller Munde*
*Das Lipperland ist dadurch weithin bekannt*
*Auch als Mittelpunkt vom deutschen Land*
*Vor Ebbe und Flut hat man keine Angst*
*Als Lipper du eher um dein Sparbuch bangst*
*Auch haben sie ein adliges Geschlecht*
*Der Titel ist nicht gekauft sondern echt*
*Sparsam, nicht geizig, sind sie und fleißig am schaffen*

*Intelligenz und Humor das sind ihre Waffen*
*Pickert und gutes Bier gibt es nur in ihrem Reich*
*Niemand kommt ihnen darin gleich*
*Durch ihren Herrmann gut beschützt*
*Bleiben die Verlockungen anderer Länder völlig ungenützt*

*Gäste sind willkommen bei guter Luft und einmaliger Natur*
*Das ist einfach Erholung pur*
*Das Wappentier der Deutschen hier auch zu Hause ist*
*Denn ein jeder weiß dass der Adler von Geburt ein Lipper ist*

Flora und Fauna so prächtig und schön
Die Sonne lacht, denn hier gibt es keinen Fön
Ganz lippisch beim feiern zeigt sich der Lippermann
Und greift zum Glas mit Wacholder von Wippermann
Wenn die Vögel singen und die Bienen summen
Die Kühe im Takt sofort mit brummen
Und selbst der größte Visionär
Träumt davon wie es wohl als Lipper wär
Leben die Lipper auch nur auf kleinem Gebiete
In einem sind sich alle einig: sie sind Deutschlands einzige Elite
\*\*\*

# **DES LIPPERS GRÖSSTE LIEBE**

*Es war einmal vor langer Zeit*
*Eine kluge und edle Maid*
*Die hatte gehört von dem schönen Lipperland*
*Und reiste dorthin – was zeugt von klugem Verstand*

*Sie wußte was sie wollte – nämlich einen Lippermann*
*Denn die Kunde hatte sich verbreitet nur ein Lipper ist ein ganzer Mann*
*Die Maid war schon eine schlaue Frau*
*Wenn auch nicht mehr ganz so frisch wie der Morgentau*
*Zwar war sie von guter Figur und somit attraktiv*
*Aber sicherer war es mit Talern zu winken – das war effektiv*

*So hatte die Maid dann auch bald die große Qual
Unter den vielen Jünglingen zu finden die beste Wahl
Und es waren der Jünglinge viele das ist wohl klar
Denn nur im Lipperland jeder Jüngling hübsch und kräftig war*

*Nun hatte die Maid einen Jüngling auserkoren
Jung, kräftig und hoch geboren
Mit ihm wollt' sie verlassen das Lipperland
Ehelichen ihn in ihrem Heimatland
Doch der Jüngling überlegte hin und her
Das Lipperland verlassen viel ihm wirklich schwer*

*Drum sprach er zu der holden Maid:*
*Ich kann nicht mit, es tut mir leid*
*Du bist nicht mehr so jung, schlägst*
*hier und da schon Falten*
*Gehörst dann bald schon zu den Alten*

*Du kannst nicht kochen, backen,*
*nähen*
*Drum bleib ich hier, dass musst du*
*doch verstehen*
*Bötest du mir auch täglich den besten*
*Schmaus*
*Für mich wäre das nur ein Graus*

*Denn meine größte Liebe könnt' ich nie*
*vergessen*
*Das ist die Vorfreude auf das*
*Nächste - Pickert Essen*

\*\*\*

# **BAUERNGESPRÄCH**

Stand Bauer Friedo an seinem Weidezaun
Zog ein Gesicht als hätt man ihn verhaun
Kam ein Nachbar noch hinzu
Und es entwickelte sich ein stilvolles Gespräch im Nu
Wie es eben so geht auf einer Weide
In der Nähe von Voßheide
Jeder beklagte die schlechte Ernte und den faulen Knecht
Nichts war den beiden wirklich recht
Und dann das: Friedo hatte sich gekauft ein Pferd
Das war eine Stute und hieß trotzdem Gerd
Die Stute fraß so viel wie ein Elefant
So etwas war dem Friedo bis dahin unbekannt

*Schlimmer wie bei einem Kamel sei ihr Durst
Aber das wär dem Friedo alles wurst
Denn das schlimmste ist: sie lässt ihn nicht auf sich reiten
Alle Versuche endeten mit großen Pleiten
Das Grinsen des Nachbarn ist am größer werden
Schadenfreude ist eben überall gleich hier auf Erden
So meinte der Nachbar: da hast du die Stute bestimmt gekauft im Kalletal
Ja sagte Friedo ich hatte sogar die Qual der Wahl
Aber woher weißt du das ich die Stute kaufte dort
Ja, meinte der Nachbar, ich glaube das ist ein verwunschener Ort
Meine Frau die kommt nämlich auch von dort*
\*\*\*

# DIE SCHLAUEN VIER

Da gibt es in Lippe ein Haus das lädt
jeden ein zu verweilen
Lipper mit Problemen an den Nerven
will es heilen
Doch Lipper mit diesen Problemen
müssen erst noch wachsen
Drum kamen die einzigen vier aus
Niedersachsen

Aber diese vier die waren schlau
Und flohen aus diesem eingezäunten
Bau
Das Lipperland hieß sie willkommen
mit ganz viel Regen
Diesem altbekannten und gern
erteilten lippischen Segen

*Diese vier sich ungefragt ein Auto vom
Parkplatz nahmen
Wussten schon jetzt nicht mehr woher
sie kamen
Setzten sich zu viert in das Auto rein
Auch wenn es konstruiert für zwei
denn es war sehr klein*

*So fuhren sie hinaus in den schönsten
Teil der Welt
Quer durch das Lipperland
unbekümmert und ohne Geld
Plötzlich konnten sie auf der Straße
eine riesige Pfütze sehen
„Halt!" rief da einer von ihnen und sie
blieben vor der Pfütze stehen*

*„Das ist der Bodensee – ich weiß es
genau
Denn keiner ist wie ich so schlau!"*

*Da stieg er hinaus auf des Autos Dach
Und wurd' durch die Kälte richtig wach*

*Er hörte noch wie einer der anderen rief:
„Pass auf der See ist nicht flach sondern tief!"
Da sprang er vom Dach – ganz elegant
Und dachte noch: Aua da ist ja kein Strand*

*Als er wach wurde nach vielen Minuten
Standen sie bei ihm die anderen drei Guten
Da sprach er zu ihnen: „Jungs wir fahren weiter das ist kein Problem
Denn der See ist zugefroren und zwar ganz extrem!"*

**\*\*\***

# **DAS KOSTÜMFEST**

*In Lemgo in der Lipperlandhalle war für das nächste Wochenende ein Kostümfest für jung und alt geplant.*

*Kleinbauer Hans und seine Frau Helga, wohnhaft in Entrup, hatten auch geplant durch ihr Erscheinen die anderen Leute zu erschrecken. Aber ein Lipper ist sparsam und so kamen die beiden auf den Gedanken das nur einer von ihnen auf das Kostümfest gehen sollte. Auslöser für diese Idee war Nachbar Karl der sich angeboten hatte einen von den beiden in seinem kleinen Auto mitzunehmen – aber nur einen wohlgemerkt!*

*So entbrannte zwischen Hans und Helga natürlich der Streit wer von ihnen in die Lipperlandhalle gehen würde.*

*Der Streit eskalierte und gipfelte in Hans seiner Aussage:*

„ Du brauchst dich ja nicht einmal zu verkleiden – als Hexe lassen sie dich auch so hinein!"

Da gab Helga ihrem Mann so eine heftige Ohrfeige das dieser hinterher nicht wußte ob sein Kopf noch da saß wohin er gehörte. Danach rannte sie wutschnaubend aber doch irgendwie befriedigt – ins Haus.

Ihr Mann rief noch hinter ihr her:

„Und damit du es weißt – ich ziehe auf dem Kostümfest einen von deinen karierten Röcken an und gehe als Schotte. Der steht mir bestimmt besser als dir!"

Ein paar Stunden später kam Nachbar Karl mit seinem kleinen Auto auf den Hof gefahren und klingelte an der Haustür. Helga machte auf, Karl grüßte freundlich und wollte wissen wo er seinen Freund Hans finden könnte.

Helga erwiderte:

„Er ist bei den Schweinen und du erkennst ihn an seinem blauen Hut!"
Hans bedankte sich höflich und fragte Helga, nachdem er einen prüfenden Blick in ihr Gesicht geworfen hatte:
„Wenn dein Mann, dieser Geizkragen, dir schon eine Schönheits OP bezahlt, dann hätte er dir auch eine neue Strumpfhose spendieren können denn diese alte die du da anhast wirft so viele Falten – das ist absolut hässlich!"
Da holte Helga aus und schlug Hans die geballte Faust so kräftig ins Gesicht das dieser sich ohne eigenes Zutun auf dem Hosenboden sitzend wiederfand. Die Bäuerin war so wütend und so laut am schreien das Hans ganz schnell die Flucht ergriff und zu Karl in den Schweinestall rannte.
Dort angekommen sah er mitten unter den Schweinen einen blauen Hut mit dem Hans darunter.

Dieser sah von der Arbeit auf und schaute erschrocken auf das angeschwollene Auge seines Freundes.

„Wo bist du denn gegen gelaufen?" fragte er.

Karl antwortete weinerlich: „Das war deine Frau. Ich habe ihr gratuliert weil sie keine Falten mehr im Gesicht hat da ich der Überzeugung war das du ihr eine Schönheits OP spendiert hast. Als ich ihr dann noch sagte das ich dich überreden würde ihr auch noch eine neue Strumpfhose zu kaufen weil die alte so viele Falten schlägt – da hat sie mich umgehauen!"

Da fing der Hans an zu lachen und konnte sich kaum wieder beruhigen. Als er sich nach einer Weile wieder gefasst hatte sagte er zu Karl – dessen Gesicht ein einziges Fragezeichen geworden war:

*„Ich habe der Helga keine Schönheits OP bezahlt!*
*Das wäre ja reine Verschwendung!*
*Sie läuft heute ohne BH herum, das glättet ihre Haut im Gesicht, und Falten in der Strumpfhose hat sie auch nicht, denn sie hat gar keine an!"*

# **EINE LIPPISCHE PRINZESSIN**

*Es begab sich zu jener Zeit*
*Da gab es noch eine gute Fee mit ihrer Unfehlbarkeit*
*Die lebte im Lipperland – wie sollt es anders sein*
*Denn der Teutoburger Wald lädt zum verweilen ein*

*In einem Häuschen am Waldesrande*
*Lebte eine Frau von niedrigem Stande*
*Traute sich nicht in den Spiegel zu sehn*
*Denn ihre Hässlichkeit war nicht zu übersehn*

*Nur ein Kater war der Mann an ihrer Seite*
*Und der suchte oft genug das Weite*

*Weil die Frau immer wieder schlug zu
die Türen
Und ließ dem Kater ihre schlechte
Laune spüren*

*Eines Tages als die Frau mal bitterlich
weinte
Weil sich scheinbar alle Hässlichkeit
der Welt in ihr vereinte
Da kam die gute Fee vorbei
Denn so ein Geschluchze war ihr nicht
einerlei*

*Die Fee sprach: drei Wünsche hast du
frei, die sollst du sagen
Sei klug dann musst du in Zukunft nie
mehr klagen
Da sprach die Frau: ich möchte eine
Prinzessin sein, jung und schön
Geld das nie ausgeht das wäre
angenehm*

*Und mein Kater hier*
*Das soll ein Prinz sein – mein wilder Stier*
*Da sprach die Fee: alles was du willst es soll geschehn*
*Aber hab acht: wir werden uns nie wieder sehn*

*So wie gesagt die Fee verschwand*
*Und es stand da eine neue, schöne Prinzessin in seidenem Gewand*
*Sie starrte auf den Prinz der jung und kräftig*
*Und ihre Oberweite bebte heftig*
*Während sie spielte mit des Kleides Knöpfen*
*Sprach sie zum Prinzen: welcher Gedanke spukt nun in unseren Köpfen*

*Hast du die gleichen Gedanken an wunderbare Sachen*
*Die wir könnten zu zweit nun machen*

*Der Prinz lächelte und sagte: ich weiß
schon woran du nun denkst
Aber ich glaube dass du deine
Gedanken in die falsche Richtung
lenkst*

*Es ist besser wir gehen jetzt Hand in
Hand spazieren
Denn eines hast du vergessen bei all
deinem jubilieren
Du ließest mich vor vier Wochen
kastrieren*

\*\*\*

# **IMMER WIEDER SCHÖNES SEHEN**

In Deutschlands Herzen meine Wiege stand
Mein wunderschönes Heimatland
Ist das bekannte Lipperland
Dort war es wo ich auch die Liebste fand

Bin begeistert von der Natur
Sauberes Wasser und Luft, die liebe Tierwelt – hier gibt es alles pur
Ob Wellness, Sport oder auch die Kur
So vieles und auch spezielles gibt es in unserem Lippe nur

Hoch über uns der Hermann steht
Wacht über uns wie es besser nicht geht

*Über den Externsteinen ein leiser
Windhauch weht
Felsen einmalig auf unserem Planet*

*Von ganz nah kommt eine besondere
Luft zu uns her
Bei den Salinen fühlt man sich wie am
Meer
Niemand interessiert sich heute für die
Hexen mehr
Drum bleibt die Folterkammer im
Hexenbürgermeisterhaus nun auch leer*

*In der Lipperlandhalle die Stars auf
ihre Fans gern warten
Damit die Show kann starten
Im Freilichtmuseum der Besucher viel
Altes kann erwarten
Sieht so nebenbei auch noch manch
schönen Garten*

*Die Adlerwarte sie Europas Größte*
*So mancher Greifer den Besuchern richtig Angst einflößte*
*Eine alte Eisenbahn Begeisterung auslöste*
*Ist doch für das ein oder andere Kind im Mann das Größte*

*Es gibt noch so viel Schönes im Lipperland zu sehn*
*Schlösser, Bäder und auch Seen*
*Oder einfach mal in unseren Wäldern spazieren gehen*
*Die Wirkung der Natur auf unsere Seele ist ein Phänomen*
*Warum wir lieben unser Lipperland wird jeder dann auch verstehn*

\*\*\*

# **EIN LIPPER BEIM ARZT**

Ein Lipper musste zum Arzt denn es
ging ihm schlecht
Seine Frau wollte Händchen halten
das war ihm gar nicht recht
So gingen sie dann zu zweit
zur Praxis
Obwohl der Weg war weit

Es war Hochsommer und nur 38 Grad
Aber mancher Lipper macht alles
Hauptsache er spart
Das Benzingeld wollte der Lipper
sparen
Auch wenn die Schuhsohlen schon
löchrig waren
Als die beiden in der Praxis
angekommen
Sah er seine Umwelt nur noch ganz
verschwommen

*Unterwegs zu trinken kaufen – nein,
da übt er sich lieber in Verzicht
Denn das Wasser auf der Toilette beim
Arzt verschmäht er nicht*

*Dann gingen die beiden Hand in Hand
in dem Arzt sein Zimmer
Ganz selbstbewusst – denn seine
Rechnung zahlt er immer
Um die Rechnung zu feilschen hat der
Lipper sich vorgenommen
Denn der Arzt hat schon viel zu viel
von ihm bekommen*

*Die Untersuchung verlief gar nicht gut
Um das dem Lipper zu sagen brauchte
der Arzt seinen ganzen Mut
So sprach er: „Es tut mir Leid, aber Sie
sind sehr krank!"
Der Lipper vor Entsetzen im Stuhl
versank*

*Der Arzt sprach weiter: „Eine
Operation die lässt sich nicht
vermeiden
Vieles entfernen müssen wir von Ihren
Eingeweiden
Mein Mitleid für Sie ist echt
Denn Ihre Chancen die OP zu
überleben sind sehr, sehr schlecht!"*

*Da fing der Lipper an zu lärmen
Denn für eine OP konnte er sich nicht
erwärmen
Gar nicht beruhigen wollt er sich
Wurde beinahe zudringlich*

*Schmarotzer seien Arzt und
Krankenkassen
Wollten nur sein Geld - deswegen
würd er alle hassen*

*Wer weiß was entstehen ihm dort
dann für Extrakosten
In seiner Haushaltskasse wäre kein
Platz für Sonderposten*

*Seine Frau nahm ihn in den Arm ganz
lieblich
Flüsterte ihm etwas ins Ohr und sofort
wurde er ganz friedlich
Es war etwas das in seinem Ohr wie
Glockenläuten klingt
Denn sie sprach: „Schatz, du brauchst
doch nur bezahlen wenn die OP gelingt!"*

**\*\*\***

# **EIN TOURIST IN LIPPE**

*Ein Ruf der eilt den Lippern stets voran*
*Geizig sollen sie sein damit das Sparbuch wächst schnell an*
*Ein Tourist der will das testen*
*Bei einem Bauern in Lippes Westen*

*Er klopfte an des Bauern Türe an*
*Und gab sich aus als durstiger Wandersmann*
*Der Bauer öffnete die Türe weit*
*Und gab sich ganz hilfsbereit*

*Denn nur ein Glas Wasser war des Wandermanns Begehr*
*Der Bauer aber brachte gleich einen großen Krug Milch zum Verzehr*

*Der Tourist war sprachlos von dieser Großzügigkeit
Denn nichts war zu merken von der beschriebenen Sparsamkeit*

*Der Tourist alias Wandersmann nahm einen großen Schluck aus dem Krug
Er trank und trank und bekam gar nicht genug
Denn so frische Milch bekam er nicht zu jeder Zeit
Er merkte – der Weg zur Kuh war hier nicht weit*

*Da sagte der Tourist: deine Freundlichkeit betört mich über alle Maße
Bin ich doch nur ein Wandersmann hier von der Straße*

*Nun hatte er den halben Krug schon
leer getrunken
Da sprach der Bauer in Gedanken
ganz versunken:
"Die Milch hätten wir sowieso nicht
mehr verzehrt
Gestern sprang eine Ratte rein – drum
ist sie nichts mehr wert!"*

*Da ließ der Tourist entsetzt und voller
Ekel den Krug vor seine Füße fallen
Da schrie der Bauer ganz erzürnt:
"Mann, bist du im Kopf ganz wirr?
Das war meiner Frau ihr bestes
Nachtgeschirr!!"*

# **EIN LIEBEVOLLES EHEPAAR**

*Wir begleiten ein Ehepaar aus dem lippischen Bad Meinberg welches zwölf Jahre verheiratet ist, in ihrem Alltag. Sie heißt Juliana ist 39 Jahre alt und sehr attraktiv. Sie führte den Haushalt für die beiden denn arbeiten brauchte sie nicht weil ihrem Mann Heiko – 46 Jahre alt – ein mittelständisches Unternehmen in Detmold gehörte.*

*Eines Tages kam Heiko nach Hause und war am toben:*

*"Ich werde dem Chauffeur kündigen! Nun hat er mich heute auf der kurzen Strecke von Detmold nach Bad Meinberg drei Mal in Lebensgefahr gebracht!" - "Aber, aber, Heiko" beruhigt ihn seine Frau, "gib' ihm doch eine Chance! Vielleicht macht er doch beim nächsten Mal alles richtig!"*

*Die Doppelzüngigkeit in diesen Worten fiel Heiko nicht auf.*
*Um ihren Mann endgültig von dem Chauffeur abzulenken dachte sich Juliana das ihr Mann ihr doch beim kochen zur Hand gehen könnte. Darum sagte sie zu ihm:*
*„Geh doch mal in die Speisekammer und hole die Benzinflasche auf der 'Essig' steht. Es muss Himbeersaft drin sein. Riech aber erst daran ob es nicht Spiritus ist!"*
*Nach dem Essen sagte Juliana zu ihrem Heiko:*
*„Du, der Wasserhahn in der Küche tropft, reparier das doch mal."*
*Heiko meinte nur: „Ich bin doch kein Klempner!"*
*Als er am nächsten Tag nach Hause kam wurde er gleich von seiner Frau angesprochen:*

„Am Leuchter im Wohnzimmer ist eine Birne kaputt, schraub doch mal eine neue rein."
Prompt kam die Antwort:
„Ich bin doch kein Elektriker!"
„Dann geh doch wenigsten im Garten die Hecke schneiden – sie ist viel zu hoch."
Heiko meinte natürlich:
„Denkst du ich wäre Gärtner?"
Zwei Tage später kam Heiko von der Arbeit nach Hause und mit Erstaunen bemerkte er, dass der Wasserhahn nicht mehr tropfte, im Wohnzimmer eine neue Birne eingeschraubt und im Garten die Hecke auf eine richtige Höhe gebracht worden war.
„Haben der Klempner, der Elektriker und der Gärtner die Rechnungen gleich da gelassen oder bekommen wir die zugeschickt?" fragte er seine Frau Juliana als er gesehen hatte das alles erledigt war.
„Wieso Rechnung?" fragte Juliana.

*„In die Mietwohnung vom Nachbarhaus ist ein junger Mann eingezogen und der hat das alles erledigt. Als Bezahlung sollte ich ihm eine Torte backen oder ein paar zärtliche Stunden mit ihm verbringen."*
*Heiko war begeistert:*
*„Für so viel Arbeit nur eine Torte? Das ist super! Welche Torte hast du ihm denn gebacken, Schatz?"*
*Juliana säuselte mit ihrer lieblichsten Stimme:*
*„Was heißt denn Torte? Bin ich Bäcker...?"*

\*\*\*

# **SAUBERKEIT**

*In Lippe – Detmold dieser
wunderschönen Stadt
Man so manch seltsames zu
bewundern hat
So auch dieses ältere Ehepaar
In Ehren ergraut an Haupt und Haar*

*Der Mann fünf Euro auf der Erde
liegen sah
Wollt sich danach bücken und wusst'
nicht wie ihm geschah
Denn seine Frau sprach:
„Lass liegen was dort liegt denn es ist
nicht dein
Und auf der Straße ist alles schmutzig
und nicht rein!"*

*Hundert Meter sind die beiden dann gegangen*
*Überkam den Mann ein gieriges Verlangen*
*Denn vor seinen Füßen konnt' er zehn Euro liegen sehn*
*Die würden seinem Sparbuch gut zu Gesichte stehn*

*Doch seine Frau blieb ruhig und sprach zu ihrem Mann:*
*„Was du dort siehst das geht dich nichts an*
*Lass liegen was dort liegt denn es ist nicht dein*
*Und auf der Straße ist alles schmutzig und nicht rein!"*

*Ein Lipper und Geld liegen lassen*
*Das ist doch nicht zu fassen*
*Nun wird ein anderer Mann damit seine Börse gern bestücken*

*Wenn keine Frau da ist die verbietet  
ihm sich zu bücken*

*Fünf Minuten später fiel seine Frau  
ganz lang hin in eine Pfütze  
Sah aus als hätt' sie gebadet in so einer  
Toilettengrütze  
Sie streckte zu ihm die Hände rauf  
Und sprach: „Steh nicht rum sondern  
hilf mir auf!"*

*Da sprach ganz schlau der Mann:  
„Was ich dort sehe das geht mich  
nichts an  
Ich lass liegen was dort liegt denn es  
ist nicht mein  
Und auf der Straße ist alles schmutzig  
und nicht rein!"*

\*\*\*

# **SPIEGEL DER WAHRHEIT**

*W*ir sind hier im schönen Lipperland
Wo der Hans vor Jahren seine Liebste fand
Hier an der Grenze zu Niedersachsen
Wo die schlauen Lipper in den Himmel wachsen

Seine Frau die Hilde
War neugierig und stets über alles im Bilde
Eines Tages der Hans im Städtchen spazieren ging
Hielt Ausschau nach so manchem Ding

So bliebe er abrupt vor dem Schaufenster stehn
Der Atem blieb ihm weg vor dem was er dort konnte sehn

*Es war ein kleiner Spiegel der ihn fasziniert*
*Am Rande schön und fein verziert*

*Hans kaufte den Spiegel nicht ohne zu handeln*
*Schien auf dem Heimweg im siebten Himmel zu wandeln*
*Daheim angekommen sagte er zu seiner Frau:*
*„Ich hab etwas Wertvolles billig gekauft – ich bin ja schlau!*
*Denn schau ich in den Spiegel dann*
*Sehe ich meinen Vater den Tyrann!"*

*So sah er den verstorbenen Vater täglich in dem Spiegel*
*Das war für ihn ein Rätsel mit sieben Siegeln*

*Hans dachte: nur beim Teufel konnte
so ein Spiegel entstehen
Sonst könnte er ja seinen Vater nicht
darin sehen*

*Seine Gattin war neugierig – eben ganz
Frau
Fragte sich: was sehe ich wenn ich in
den Spiegel schau
So nahm sie den Spiegel nachdem ihr
Mann gegangen
Und sie sich geschminkt hatte wie
täglich ihre Wangen
Nun sah sie ganz angespannt in den
Spiegel rein
Fängt an zu schluchzen und denkt:
mein Mann ist ein Schwein
Ich wußte ja dass er mich betrügt –
das ist gemein
Aber muss es denn so eine alte
hässliche Hexe sein*
\*\*\*

# **DUMM GELAUFEN**

*Drei Kraftfahrer aus Lippe wollten*
*sein einmal richtig schlau*
*Im veräppeln der jeweils eigenen Frau*
*Sie trafen sich durch Zufall im wilden*
*Amsterdam*
*Aber die drei waren friedlich so wie ein*
*Lamm*

*Nach zehn Korn und auch so viel Bier*
*Fühlte sich jeder wie ein wilder Stier*
*Der Alkohol der tat ihnen nicht gut*
*Denn sie schöpften daraus unsinnigen*
*Mut*

*Sie waren weg diese komischen*
*Bauchschmerzen*
*Wollten nur noch mit ihren Frauen*
*scherzen*

*Alle drei schrieben auf eine Karte den folgenden Text:*
*Wenn ich ein Vöglein wär dann flög ich zu dir*
*Da ich kein Vogel bin schlaf ich mit einer anderen hier*

*Die Antwort der ersten Frau*
*Die war schon ziemlich rau:*
*Habe die Karte erhalten, mein Dank sei dein*
*Du bist kein Mann, du bist ein Schwein*

*Die Antwort der Zweiten*
*Die sollte ihrem Mann schon Kopfweh bereiten:*
*Habe deine Karte erhalten und glaube kein Wort*
*Du konntest nicht mehr hier, geschweige denn dort*

*Die Antwort der dritten Ehefrau war
eine Offenbarung
Gab dem Mann seinen
Bauchschmerzen neue Nahrung:*

*Da du kein Vöglein bist sondern ein
Wanderer
Sorge dich nicht, bei mir ist jede Nacht
ein anderer
Denkst immer mein König wärst du
Nun gönn mir meinen Spaß und lass
mich in Ruh*

\*\*\*

# **EIN TRAURIGES EREIGNIS**

*Auf einem Bauernhof im lippischen Nienhagen
Musste der Bauer seine Krankheit ertragen
Seine Frau die war sauer und am meckern
Denn sie musste nun klotzen und nicht kleckern*

*Doch die Strafe kommt eben manchmal schneller als du denkst
Denn die Bäuerin musste ausmisten den Stall mit dem wilden Hengst
Dieser drehte sich um und trat nach ihr
Und schon war es aus mit ihr*

*Da setzte ein das große Klagen*
*Von Nienhagen über Heiden bis nach Hedderhagen*
*Bei den Frauen war sie beliebt und sehr bekannt*
*Die Männer dachten nur: Gefahr gebannt!*

*„Hier ist jemand der viel zu früh verstarb*
*Helga Müller, eine Bäuerin und eine Ehefrau!"*
*So sprach der Pfarrer an dem Grab*
*Ein Fremder stand dabei und dachte: die Lipper haben aber Mut*
*Denn drei Frauen in einem Grab das geht bestimmt nicht gut*

*Der Fremde sah sich das Begräbnis weiter an*
*Und fragte hinterher den Bauern dann:*

*„Warum konntest du bei den Frauen
nicken und Danke sagen
Und bei den Männern antworten: da
musst du den Heinz dann fragen?"*

*Da sprach der Bauer:
„Die Frauen
haben mir ihr Beileid ausgedrückt
Die Männer aber waren von dem
Hengst ganz entzückt!
Doch den habe ich verkauft an
Nachbar Heinz, dieser armen Sau,
denn der ist verheiratet mit der
Schwester meiner Frau!"*

**\*\*\***

# **DER ALTE UND DER JUNGE HAHN**

Da gab es einen Förster tief im Teutoburger Wald
Der hatte Hennen und einen Hahn aber der war schon alt
Der Förster dachte: der alte Hahn der ist zwar treu
Aber die Hennen brauchen einen Hahn der springt wie neu

Er wollt kaufen einen jungen - so wie gedacht so ist es auch geschehn
Aber die Sache hat einen Haken – wir werden sehn
So sprach der junge zu dem alten Hahn ganz keck
Das sind nun meine Hennen – mach dich weg

*Der alte sprach: alle Hennen will ich dir geben*
*Doch bitt ich dich – verschönere mein Leben*
*Lass mir doch die älteste Henne*
*Die ist es die ich am besten kenne*

*Nein, sprach der junge Hahn, wenn, dann will ich alle haben*
*Ein Grab, ein tiefes, kannst du dir schon graben*
*Da sprach der Hahn der alte: lass es uns als Gentleman entscheiden*
*Am sportlichen Wettkampf sollen die Hennen hier sich weiden*
*Lass uns laufen bis zum Futtertrog das ist zwar weit von hier*
*Aber gewinne ich so gehört die alte Henne mir*
*Kaum konnte der junge Hahn sein „einverstanden" krähen*
*Lief der alte los und ließ ihn stehen*

*Da rannte der junge Hahn hinterher
den Bauch richtig voll mit Wut
Er dachte nur: gleich habe ich den
alten Geier und er merkt wie weh das
tut
Dann war der alte Hahn ganz nah
Als etwas Seltsames geschah
Es gab einen lauten Knall
Der junge Hahn war tot und kam zu
Fall
Der Förster hatte ihn erschossen
Und schimpfte erzürnt und ganz
verdrossen
Erklären muss der Händler mir
Warum er verkauft so komisches
Getier
Drei Hähne tat er mir verkaufen
Aber es ist zum Haare raufen
Alle traten auf ganz keck und cool
Dabei waren alle drei doch scheinbar
schwul*
\*\*\*

# **DER KARTOFFELACKER**

*In Lippe so mancherorts die Uhren anders laufen*
*Dort tauschen sie die Ware anstatt sie kaufen*
*Ein Bauer in der Nähe von Schlangen noch ganz anders dachte*
*Und sich dabei heimlich ins Fäustchen lachte*

*Das Finanzamt hätte kein Recht auf sein Geld*
*Denn Steuern sind die größte Ungerechtigkeit dieser Welt*
*Das so verdiente Geld wollte er ganz heimlich sparen*
*Es würde sich schon mehren in all den Jahren*

*Doch die Leute beim Finanzamt die
waren nicht dumm
Und nahmen ihn sein Handeln krumm
Nun sitzt er im Gefängnis für ganze
60 Tage
Das brachte seine Frau so richtig in
Rage*

*Die ganze Arbeit musste sie nun
alleine machen
Stände er vor ihr würden ihre Fäuste
vor Freude lachen
Doch der Bauer schrieb ihr einen Brief
ganz liebevoll
Und den Inhalt den fand sie toll*

*Denn er schrieb:
„Den großen Acker am Waldesrand zu
bearbeiten darauf Verzicht
Denn dort ist das ganze Geld
vergraben – wo das sag ich nicht!"*

*Eine Woche später die Bäuerin an
ihren Mann dann schrieb:
„Danke für deine Hilfe, das war ganz
lieb!
Gelesen wurd der Brief von
ungebetenen Personen
Die im Gefängnis oder auch hier
draußen wohnen*

*Die Polizei und andere waren immer
wieder hier
Und pflügten den Acker vom
Waldrand bis hin zu mir
Sie suchten nach das Geldes heimliches
Versteck
Sie fanden nichts und gingen nach
Hause ganz voll Dreck
Bepflanzen kann ich nun den Acker
Du bist schon klug du kleiner Racker!"*

\*\*\*

# **ALLES KLAR?**

An einem Gymnasium Lippe unterhielten sich zwei Professoren über ihr Steckenpferd Germanistik. Beide setzten sich vehement dafür ein die deutsche Sprache zu vereinfachen und die Fremdwörter zu reduzieren. In einer Freistunde trafen sich die beiden und es entwickelte sich folgendes Gespräch.
Prof. Meier sagte: „Ich finde es schon sehr adäquat die heterogenen Termini zu minimieren!"
Die Antwort von Prof. Schulze:
„Korrekt, aber empirisch handeln viele Individuen danach das ein Interesse daran existiert an der generellen Rezession der Applikation relativ primitiver Methoden komplementär zur Favoriesierung adäquater komplexer Algorithmen."

Prof. Meier: „ Wir müssen ästimieren das diskursiv eine enhacement der Obsolessenz dendritisch ist."

„ Natürlich, " meinte Prof. Schulze „ aber ich ästimiere es als supoptional wenn man altera Linguale Synonyme iterativ apporiert. Wobei die Obsolessenz verschiedener Gruppen diskursiv ästimiert werden muss!"

„ Wir sollten eine Klausur schreiben lassen zu dem Thema: Bei der intendierten Realisierung der linguistischen Simplifizierung des regionalen Idioms resultiert die Evidenz der Opportunität extrem apparent den elabovierten und quantitativ opulenten Usus nicht assimilierter Xenologien konsequent zu Eleminieren, " meinte Professor Meier.

**Alles klar?**

# **NÄCHSTENLIEBE**

*In Lemgo da war ein Mann sehr krank*
*Obwohl er so manchen Wacholder zum Besten trank*
*So ging er zum Arzt ins Krankenhaus*
*Und der behielt ihn gleich da – oh graus*

*„Keine Angst", sagte der Arzt zu seinem Patient*
*„Das wird eine Operation die hier jeder kennt*
*Wir werden an dir ein Wunder vollbringen*
*Nach 50 Versuchen muss die OP doch mal gelingen!"*

*Der Arzt hat wirklich ein Wunder vollbracht*
*Denn der Patient ist wieder erwacht*
*Er liegt jetzt auf Intensivstation*
*Der Pfarrer seiner Kirchengemeinde erfuhr von seiner Situation*

*Er dachte: alle meine Schäfchen muss ich doch betreun*
*Drum werd ich ihn mit meinem Besuch erfreun*
*Der Pfarrer macht sich auf im Dienst der Nächstenliebe*
*Damit kein Schäfchen unvergessen bliebe*
*So stand er dann im Zimmer an des Patienten Bette*
*Und sprach tröstende Worte – so richtig nette*
*Der Patient der konnte nicht reden nur noch hecheln*
*Fing dann auch noch an zu röcheln*

*Er zeigte mit der Hand das er wollte
schreiben
Denn nur Worte sind es die ewig
bleiben
Der Pfarrer ihm einen Zettel reichte
Dachte: das wird vielleicht eine
schriftlich' Beichte*

*Doch der Mann er schrieb nur einen
kurzen Satz
Für mehr war auf dem Zettel
überhaupt nicht Platz
Dem Pfarrer konnt er gerade noch den
Zettel geben
Dann verschied er aus dem Leben*

*Der Pfarrer dachte sich: was dort steht
geht mich nichts an
Ich geb es der Witwe denn es ist das
letzte von ihrem Mann*

*So geschah es, doch es wäre besser nicht geschehn
Denn die Witwe fiel in Ohnmacht kaum das sie den Zettel gelesen und gesehn*

*Der Pfarrer las nun auch die Worte
Und wünschte sich an einen ganz weit entfernten Orte
Denn mit letzter Kraft von dem Mann geschrieben las er folgende Worte:
Geh weg, du Idiot mit deinem fetten Bauch
Ich kriege keine Luft mehr denn du stehst auf meinem Schlauch*

\*\*\*

# **THERAPIE**

*Auf den Knien liegt da Herr Meier
Und schrubbt den Korridor mit Bürste
wie ein Reinheitsgeier
Da kommt sein Freund zur Tür herein
Und meinte ganz entsetzt:
„So eine Arbeit die wär nicht mein
Allein wenn ich dich seh
Tun mir jetzt schon die Knie weh!"*

*Dem Herrn Meier tropfte sein Schweiß
zu Boden
Und sagte: „Da muss ich meine Frau
ganz doll loben
Sie will mit extra Arbeit mein
schnarchen ganz schnell heilen
Drum tu ich jeden Tag beim schrubben
hier verweilen
Stark ist der Wille meiner Frau
Ihr widersprechen wär nicht schlau!"*

Doch helfen tat die extra Arbeit nicht
Drum ging Meiers Frau zum Arzt –
das Beste aus ihrer Sicht
Dieser gab ihr einen Rat
Und der war von ganz besonderer Art
Ein stinkender, alter Limburger Käse
sollte helfen
Zu bekämpfen dieses schnarchende
Phänomen

Dem Mann unter die Nase sollt sie den
Käse halten
Von dem lieblichen Duft würde der
Mann mit schnarchen innehalten
Abends als dieser schnarchte und ganz
fest schlief
Die Frau ganz schnell in die Küche
lief
Sie holte den Käse aus dem Schrank
Der schon richtig übel stank

*Im Bett beim Manne angekommen*
*Sah sie ihn nur noch verschwommen*
*Unter die Nase hielt sie ihm den verführerischen Duft*
*So das der Mann einatmete die verseuchte Luft*
*Mit dem schnarchen war es sofort vorbei*
*Denn dieser Duft war der Nase nicht einerlei*

*Im Tiefschlaf saß der Mann im Bett plötzlich kerzengrade*
*Als hätte er einen Krampf in der Wade*
*Und rief ganz laut in die Nacht hinein:*
*„Weib, das kann doch wohl nicht sein*
*Ich sage dir doch immer*
*Mach deine Decke zu dann stinkt es nimmer!"*

# **AUF DEM FRIEDHOF**

*I*m lippischen Holzhausen sah man zwei ältere Damen
Die zum Besuch ihrer Männer auf den Friedhof kamen
Die eine legte auf dem Grab einen Strauß Blumen nieder
Und dachte: bleib bloß wo du bist und komm nie wieder

Die andere Frau sie dachte nur:
Wenigstens mit den Liebhabern hatte ich Freude pur
Viel zu spät hast du dich davon gemacht
Kein anderer Trottel hat mir dann mehr den Hof gemacht

*Die erste setzte sich auf eine Bank dann hin*
*Und hielt vor sich einen Spiegel zum schminken hin*
*Die zweite Frau dachte: so etwas käme mir nie in den Sinn*
*Und schlich mit letzter Kraft zu der anderen hin*

*Und sprach: „Bevor ich gehe will ich Ihnen mal was sagen*
*Sonst platzt mir gleich der Kragen*
*Schminken tut man sich nicht an diesem Ort*
*Am liebsten würd ich Sie jagen fort*
*Wie alt sind Sie denn, Sie komische Frau?"*

*„Ich bin erst achtzig", war die
Antwort, „ich weiß es genau
Und Sie? Sie riechen schon nach ganz
viel Jahre
So ähnlich wie verdorbene Ware!"*

*„Fünfundneunzig Lenze zähle ich
Ihre achtzig sind für mich nur
Lächerlich!"
Da sprach die andere: „So dumm wie
Sie würd ich nicht sein
Hier würd ich bleiben und denken: der
nächste freie Platz ist mein"!*

\*\*\*

# **KASSANDRA**

Sie hieß Kassandra und lebte und arbeitete glücklich und zufrieden auf dem Hof von Bauer Heinrich.
Dieser Hof, in der Nähe von Barntrup gelegen, war schon recht groß. Außer dem Haupthaus, dass Heinrich mit seiner Familie bewohnte, gab es noch ein Nebengebäude für die Angestellten und verschiedene andere Gebäude und Stallungen. In diesen Stallungen und auf den Wiesen dahinter gab es Kühe, Schweine, Enten und Hühner. Bewacht wurde der Hof von zwei großen Schäferhunden mit den wunderbaren Namen Bonny und Clyde.
Kassandra hatte mit niemandem Schwierigkeiten oder Probleme.

*Im Gegenteil: sie hatte sich immer wieder beglückwünscht das der Zufall sie damals auf diesen Hof geführt hatte.*
*Außerdem war Kassandra in dem Glauben das sie der heimliche Liebling von Bauer Heinrich war denn auf ihre Figur war sie wirklich stolz.*
*Sie war aber auch wirklich ein Vollblutweib mit einer phantastischen Figur und scheinbar endlosen, langen Beinen. Wer es wagte zu tief in ihre großen braunen Augen zu sehen, der hatte schon verloren!*
*Auch wenn Kassandra manchmal von sich eingenommen war – wen wundert's – gab sie sich alle Mühe und war fleißig von früh bis spät.*
*Und doch – da war etwas in dem Verhalten der Bäuerin ihr gegenüber das manchmal ein ungutes Gefühl in ihr hervor rief.*

*Die Bäuerin beobachtete Kassandra mit Argusaugen und verfolgte jeden ihrer Schritte mit Blicken welche nichts Gutes verhießen!*
*Eines Tages kam die Bestätigung, dass Kassandra mit dem unguten Gefühl richtig lag denn sie konnte zufällig ein Gespräch zwischen der Bäuerin und dem Bauern hören.*
*Die Bäuerin sagte:*
*„Kassandra muss weg! Sie hängt nur noch faul in der Ecke herum und bringt keine Leistung mehr. Wenn wir das durchgehen lassen, könnte es eine ansteckende Wirkung auf die anderen haben. Ich möchte das du es heute noch erledigst!"*
*Der Bauer erwiderte:*
*„Wenn du meinst dass es so besser ist, werde ich es heute noch hinter mich bringen. Obwohl – ich finde es wirklich schade denn gerade Kassandra ist mir besonders ans Herz gewachsen."*

*Da war es wieder – Kassandra hatte mit ihrer Vermutung richtig gelegen das der Bauer eine besondere Sympathie für sie hegt und ihr Herz machte einen Freudensprung!*
*Aber was danach kam lähmte sie geradezu denn Heinrich sprach weiter:*
*„Aber ein Huhn das keine Eier mehr legt gehört eben in die Suppe!"*

# **DER GARTEN**

Ein Lipper hatte einen Garten – es ist ein ziemlich kleiner
Das ist egal – denn es ist ja seiner
Alles wächst blüht und gedeiht
Hält Überraschungen stets für ihn bereit

Hinten größer und vorne klein
Lädt er doch zum verweilen ein
Obst, Gemüse und Blütenpracht
Alles ist da wenn die Sonne vom Himmel lacht

Doch vor dem ernten und genießen
Muss erst alles richtig sprießen
Das ist das dumme an der Geschicht
Denn das gefällt ihm nicht

Er muss graben, hacken, pflanzen
Alles Unkraut in den Boden stanzen
Seine Knie sind dick und kugelrund
Die Finger trotz Handschuh ständig
wund

Gebückt steht man doch ständig rum
Der Rücken ist schon mehr als krumm
Liften, sprenkeln, Rasen mähn
Diese Arbeit würd er gern verschmähn
Was hilft da klagen und auch reden
Am liebsten wär ihm doch der Garten
Eden

\*\*\*

# **EINE BESONDERE FAMILIE**

*A*n einem wunderschönen, warmen, Sommertag fuhr Regina Schulte zum Golfen nach Lage. Sie und ihr Mann Arno waren Mitglieder im dortigen Golfclub. Die beiden sind seit zwanzig Jahren verheiratet und haben zwei Kinder. Die Tochter mit dem schönen Namen Sylvia ist sechzehn Jahre alt und der Sohn Paul ist zwölf. Er ist Mamas und Papas ganzer Stolz, denn er besucht das Leopoldinum in Detmold.
Regina wollte sich auf dem Golfplatz nicht nur mit ihrem Mann Arno, sondern sich auch mit ihren beiden besten Freundinnen, Sylke und Heike, treffen. Die beiden waren schon da doch auf Arno warteten sie vergebens. So fingen die drei ohne männliche Unterstützung an.

*Es ging alles gut bis zu dem Moment als Heike einen Abschlag total verschlug.
Der Ball kam nicht auf dem Grün zu liegen, sondern auf einer kleinen Fläche wo das Gras fast kniehoch stand.
Die drei suchten und fanden den Ball – aber auch noch etwas anderes. Dieses andere war ein Mann der im Gras lag und schlief. Das Gesicht und ein Teil der Brust waren mit einer Zeitung bedeckt ansonsten war er – nackt.
Regina und ihre Freundinnen ließen sich Zeit damit alle nicht bedeckten Körperteile des Mannes ausgiebig zu betrachten. Auf einmal sagte Regina:
„Das ist auf jeden Fall nicht mein Mann!"
Heike meinte nur:
„Das ist garantiert nicht dein Mann!"
Sylke war sogar der Meinung:
„ Das ist überhaupt kein Mann aus dem Golfclub!"*

*Bald darauf machte Regina sich auf den Weg nach Hause wo ihre beiden Kinder Sylvia und Paul schon auf sie warteten. Sylvia hatte eine SMS bekommen und wälzte ein schwerwiegendes Problem: Ihr Freund hatte ihr geschrieben: Ich möchte mich für das Wochenende avisieren.*

*Das war ein Problem für Sylvia denn sie wußte nicht was avisieren heißt. Aber die Lösung lag auf der Hand denn ihr Bruder Paul lernte ja Latein in der Schule. So ging sie zu ihm und fragte: „Weißt du was avisieren heißt?" Paul überlegte und überlegte und sagte dann: „Genau weiß ich es auch nicht aber Avis ist der Adler." Seine Schwester überlegte laut: „Also Avis ist der Adler und der wiederum ist ein Vogel dann heißt avisieren... (eine Denkpause) oh ja, ich weiß jetzt was er damit meint!"*

Freudestrahlend ging Sylvia aus dem Zimmer.
In der Zwischenzeit war auch ihre Mutter Regina zu Hause angekommen. Diese schimpfte lauthals über ihren Mann der nicht wie vereinbart zum Golfen erschienen war.
Ihre Tochter hörte das und sagte:
„Mama, wenn du mit Papa reden willst brauchst du nicht so zu schreien denn der ist vor ein paar Minuten in euer Schlafzimmer gelaufen."
Regina lief ins Schlafzimmer – und blieb wie angewurzelt stehen denn sie sah ihren Mann beim Koffer packen.
„Was hast du vor, wo willst du hin?"
„Ich will nach Sansibar", antwortet ihr Mann Arno. „Ich habe von meinem Freund die Information dass die Frauen dort den Männern für jedes Mal 100 Euro zahlen!"

Regina ging wortlos zum Schrank, nahm einen Koffer heraus und griff dann zum Handy um zu telefonieren.
„Was ist los? Was machst du?" fragte Arno.
„Ich rufe jetzt meine Eltern an damit die auf unsere Kinder aufpassen denn ich komme mit nach Sansibar weil ich sehen will wie du von 100 Euro im Jahr leben willst!"

# MEDIZINISCHER PICASSO

*Im Detmolder Klinikum*
*Da geht ein besonderer Geist herum*
*Es ist Picasso – dessen Name ein jeder kennt*
*Zu einer Ausstellung so mancher rennt*

*Die Kunst die machte ihn sehr reich*
*Kein anderer kam ihm wirklich gleich*
*Sein Pinsel war ein Zauberstaub*
*Der jedes Bild die perfekte Note gab*

*Doch heut der Geist Picassos flüstert leis:*
*Deine Erben strahlen ganz in weiß*
*Ja, die Krankenschwester – am liebsten noch mit Haube*
*So ähnelt sie etwas Picassos Friedenstaube*

So sieht sie den Patienten von oben an
Und denkt: Das ist mein Gemälde, da muss ich ran
Picasso vor Wut sich im Grab umdreht
Wenn die Schwester kunstvoll die Wund vernäht

Es wirkt alles sauber und steril
Davon gab es bei Picasso bestimmt nicht viel
Drum leiht ihr der Arzt von der Station
Die Sprühdose mit der Desinfektion
Wenn die Schwester dann die Salbe aus der Tube lockt
Picassos Pinsel vor Zorn dann bockt
Behutsam trägt sie Linie für Linie auf
So nimmt das Kunstwerk seinen Lauf

*Mit Schwung und Grazie verteilt sie die Salbe im Nu
Und denkt: Picasso wer bist denn du?
Nun das Beste – das ist der Verband
Wie durch Zauberei entsteht ein Gemälde aus ihrer Hand*

*Diese Formen, diese Linien, dieses Farbenspiel
Mal hell, mal dunkel – fließende Übergänge sind ihr Ziel
Dann die Pflasterstreifen – wie der Punkt auf dem i
Sie sitzen – doch halten tun sie nie
Sie betrachtet das Kunstwerk wie eine schwebende Fee
Da kommt ihr dann auch noch eine geniale Idee:
Sie greift zur Spritze und sticht damit dann zu
Selbst Picasso schreit auf in seiner ewigen Ruh*

*Ein prächtiges Farbenspiel entsteht man glaubt es kaum*
*Rot, gelb, grün und blau – voller Lust füllt es den ganzen Raum*
*Medizinischer Picasso sowas gab es noch nie*
*Man weiß – etwas Wahnsinn braucht jedes Genie*
*Das Kunstwerk ist fertig – das Opfer auch*
*Denn ein Teil dieser Leinwand das war sein Bauch*
*Von ihrem Meisterwerk noch ganz entzückt*
*Entschwebt sie dem Zimmer – dieser Welt ganz entrückt*
*Im Nachbarzimmer gestaltet sie weiter ungehemmt*
*Man sieht es daran das das Gemälde schreiend aus dem Zimmer rennt*
*Verkannt wird häufig ein großes Genie*
**\*\*\***

# **<u>ES LEBE DIE BAUSTELLE</u>**

*Jeden Morgen um viertel vor sieben*
*Also zu nachtschlafender Zeit*
*Werde aus dem Bett ich getrieben*
*Von der größten Baustelle weit und breit*
*Diese ist in Lage – der weltbekannten Zieglerstadt*
*Die eigentlich kein Geld mehr dafür hat*

*Wenn ich die Vorhänge vom Fenster habe weggezogen*
*Erstarre ich immer vor Faszination*
*Sehe und höre ich was bis dahin verborgen*
*Erlebe ich Tag für Tag die neue Transformation*

*Die Baustelle erwacht dann zum
Leben
Mit gewundenen Ketten
Will sie mir zu verstehen geben
Du erlebst mich in all meinen Facetten*

*Wenn die Kreissäge dann richtig
aufdreht
Fühl ich mich wie beim Zahnarzt im
Stuhl
Das Trommelfell der Ohren auf
Durchzug steht
Das macht mir alles nichts – ich bleib
ganz cool
Ein Bagger reicht für die Baustelle
nicht
Sonst wär es ja nur einer der vor
meinem Fenster herfährt
Es sind gleich drei dabei in
Wechselschicht
Mit kreischenden Ketten schreien sie
wohlgenährt*

*Wenn dann die Raupe mit der  
Schaufel über den Boden zieht  
Und die Walze dann alles hat platt  
gemacht  
Vor Ohrenschmerzen auch der größte  
Bewunderer flieht  
Dann hab selbst ich vor Schadenfreude  
nicht mehr gelacht*

*Kommt dann der LKW mit  
Nachschub an  
Werden Steine und Sand fleißig  
abgeladen  
Dabei bleibt natürlich der Motor an  
Damit sich Abgase durch jedes Fenster  
ins Zimmer rein wagen  
Ist der Nachschub dann seiner  
Bestimmung zugeführt  
Muss der Laster auch mal drehn  
Der Fahrer hat genau gespürt  
Das kann nur unter meinem Fenster  
geschehn*

*Zieht dann die Rüttelmaschine unter
meinem Fenster her
Brummt und kreischt sie mit dem
Bagger im Chor
Aber das zu unterscheiden fällt nicht
schwer
Denn der Bagger pfeift wie ein leckes
Rohr*

*So sehe ich denn vor meinem Fenster
tagaus und tagein
Was man heute Fortschritt nennt
Früher war alles anders – man mag
mir verzeihn
Der Respekt vor alten Zeiten wächst
bei mir vehement*

*Irgendwann kann ich sagen: ich war
dabei
Sie wurde fertig - langsam und zäh
wie Brei*

*Sie war fertig und ich war es auch*
*Aber was sollte ich machen*
*Ohne Baustelle wach ich auf und steh*
*auf dem Schlauch*
*Bin deprimiert und habe nichts mehr*
*zu lachen*
*Ich gehe mir jetzt eine neue Wohnung*
*suchen*
*Um für die nächste Baustelle den*
*Platz in der ersten Reihe zu buchen*

\*\*\*

## **DIE KÜCHENFEE**

*Hier in der Küche auf der Station*
*Es ist wahr – doch wer glaubt es schon*
*Steht wie ein Fels in stürmischer See*
*Unsere Melanie die Küchenfee*

*Mit der Figur einer Gazelle*
*Tritt sie in der Küche auf der Stelle*
*Doch hört man ihre Stimme dann*
*Weiß man was man erwarten kann*

*Ihr zartes Stimmchen selbst einem*
*Löwen das fürchten lehrt*
*Darum ist sie auf der Station gar nicht*
*verkehrt*
*Kommst du auf die Station gar mit*
*Übergewicht*
*Tagt sogleich Melanies Küchengericht*

*Ihr Gesicht sonst lieblich und fein*
*Sagt dann deutlich: das darf nicht sein*

*Sie blickt dich an mit Augen wie ein Reh*
*Du weißt sofort: es wäre besser wenn ich jetzt geh*
*Das Essen wird nicht einfach ausgegeben*
*Es kunstvoll zu platzieren ist ihr bestreben*
*Sie konzentriert sich auf das rühren in der Suppe*
*Alles andere ist ihr völlig schnuppe*

*Manchmal fällt auch was hinein*
*Du weißt nicht: ist es eine Schuppe oder was mit ganz viel Bein*
*Dir dreht sich schon der Magen um*
*Und hoffst du bist im Delirium*

*Mit einer Kartoffel, 10gr Fleisch und 2 Möhren*
*Versucht sie die Patienten zu betören*

*In ihrem Chaos behält sie den Überblick*
*Dirigiert mit der Kelle – wenn auch ungeschickt*

*Fragst du wegen Nachschlag nimmt sie das wörtlich*
*Schwund gibt es immer – wir sind ja alle sterblich*
*Bei ihrer Stimmung, kaum sonnig und selten heiter*
*Stellt man keine Fragen – das ist gescheiter*

*Durch die Reihen stampft sie dann beim Essen*
*Manche das kauen dann vergessen*
*Drohend in ihrer Hand die Kelle blinkt*
*Jeder vor Angst im Stuhl versinkt*

*Den Nachtisch – es war kaum anders zu erwarten*
*Gibt es nach dem Unkraut jäten hier im Garten*
*Kaffee kocht sie für später dann zum Kuchen*
*Hast du ihn in der Tasse beginnt das große Kaffeebohnen suchen*

*Willst du freundlich sein und fragst in welchem Jahrhundert sie geboren*
*Fliegt dir der Wischmob um die Ohren*

*Jeder der dies als Warnung hat gelesen*
*Tut alles um ganz schnell zu genesen*
*Sie macht eben ihre eigene Therapie*
*Unsere Küchenfee die Melanie*

\*\*\*

# **DER FEUERWEHR-MANN**

Beim Bier unterhalten sich Uwe und
Rolf aus Berlebeck
Nicht mehr nüchtern über ihre Frauen
ganz keck
Rolf meinte: "Den Schwur der ewigen
Treue hat sie mir gegeben
Ein Schwur zum ewigen Schweigen
das wär ein wirklicher Segen!"

Uwe schüttelte den Kopf und meinte
nur:
"Meine ist nicht nur laut sondern auch
stur
Darum musste ich schnell ein
Astronautentraining absolvieren
Um fliegende Untertassen zu
ignorieren

Es war spät aber Rolf blieb in der
Kneipe noch sitzen
Während Uwe auf dem Heimweg vor
Angst begann zu schwitzen

Doch seine Frau Hilde lag im Bett
Wie immer ganz ruhig, breit und
kokett
So legte er sich in des Bettes letzte
freie Ecke
Und schloss die Augen zu bekanntem
Zwecke

Irgendwann stand ein komisches
Geräusch im Raum
Und riss den Uwe aus dem schönsten
Traum
Es war die Sirene von der Feuerwehr
Dort war er Mitglied und stolz wie ein
Bär
Um sich anzukleiden rannte er aus
dem Zimmer

*Und rief nach einer Weile:*
*„Hilde, hilf mir, mein Helm ist nicht im Zimmer!"*

*„Du Dummerchen! Der steht bei mir unter dem Bett*
*Ich finde ihn schön groß und sehr nett*
*Aber pass auf denn er ist voll*
*Ich fand ihn praktisch und als Nachttopf so richtig toll!"*

\*\*\*

# **RENTNERPROBLEME**

Karl-Heinz ist gerade diesen Monat 65 Jahre alt geworden und freut sich nun auf das Rentnerdasein.
Heute will er zur Rentenversicherung fahren um seinen Rentnerausweis zu beantragen. Vorher muss er noch seinen Wagen aus der Werkstatt abholen. Dort trifft er einen alten Freund Hans und die beiden kommen ins Gespräch.
Sie schauten sich um und sahen den anderen gerne bei der Arbeit zu. Da meinte der Freund von Karl-Heinz auf einmal mit einem tiefen Seufzer: „Wenn man bei uns Menschen doch auch einfach den Motor austauschen könnte und alles würde wieder so wie früher funktionieren!"

*Daraufhin meinte Karl-Heinz nur trocken: „Mir würde schon eine neue Stoßstange reichen!"*
Kurz danach konnte er sein Auto übernehmen und sich auf den Weg machen um den Ausweis zu beantragen.
Auf dem Amt angekommen musste er eine Nummer ziehen und hatte noch vier Leute vor sich.
Während Karl-Heinz voller Begeisterung weiße Wände auf dem Flur anstarrte viel ihm ein das er seinen Ausweis vergessen hatte. Als er dann nach einer Frühstückspause des Personals und nur rund hundert Minuten Wartezeit endlich im Zimmer der für ihn zuständigen Frau stand fragte er diese als erstes ob er seinen Antrag auch ohne Personalausweis stellen könne. Die Frau sah ihn an und sagte: „Gut versuchen wir es – machen Sie den Oberkörper frei!"

Karl-Heinz fand das etwas seltsam aber er tat wie ihm geheißen. Die Frau musterte ihn eingehend und sagte dann:
„Gut! Es geht ohne Personalausweis! Ich erkenne an Ihren Brusthaaren das Ihnen der Rentnerausweis zusteht!"
Nur zehn Minuten später war Karl-Heinz wieder auf dem Weg nach Hause.
Dort angekommen erzählte er natürlich seiner Frau von dem seltsamen Erlebnis auf dem Amt und das er immer noch begeistert davon war was jemand an seinen Brusthaaren erkennen konnte.
Da fing seine Frau an zu toben und zu schreien:
„Du Trottel, du Vollidiot, du denkst aber auch nicht einen Schritt weiter als es dein Spatzenhirn zulässt! Einen Behindertenausweis mit hundert Prozent hättest du auch noch bekommen wenn du deine Hose runtergelassen hättest!"

# **SUSHI**

Sushi das gibt es auch in Lippe schon
Denn dort mag man auch das moderne
Und nicht nur Tradition
Es unterhielten sich zwei Männer die
sich nach langer Zeit wieder trafen
Denn der Kontakt war
zwischenzeitlich eingeschlafen

Der erste, Sven, erzählte von einer
glücklichen Ehe
Die auch nach langer Zeit noch bestehe
Der zweite, Heinz, sagte:
„Ich war schon öfter in die Ehe
Eingebunden
Doch die ganz große hab ich noch nicht
gefunden

*Sven fragte: "Du warst? Was ist denn geschehen?"*
*"Ja, die erste wollt schon bald von mir gehen*
*Sie hatte Sushi gegessen!"*
*Sven hatte Mitleid: "Da wurde bestimmt die Kontrolle vergessen!"*

*Er fragte weiter: "Und die zweite, was ist mit ihr geschehen?"*
*"Ja, auch die zweite wollt schon bald von mir gehen*
*Sie hatte Sushi gegessen!"*
*Sven war entsetzt: "Heinz, ich traue mich kaum zu fragen*
*Aber was ist mit der dritten? Willst du es mir sagen?"*
*" Ja, die ist am leben", meinte Heinz,*
*"mit der habe ich es schwer*
*denn sie weigert sich Sushi zu essen und das stört mich sehr!"*
**\*\*\***

# **EPILOG**

*Wer unser Lipperland besucht*
*Hat eine Reise in ein kleines Paradies*
*gebucht*
*Schlösser, Burgen und auch Seen*
*Ein Land geschaffen nur von guten*
*Feen*

*Die Natur sie ist unser grünes Gold*
*Das ist vom Herrgott wohl gewollt*
*Abwechslung und Schutzgebiete*
*Bieten dem Künstler viel an Requisite*
*Am glasklaren Wasser der Bäche sich*
*erfreun*
*Schluchten mit alten Bäumen sich*
*vertäun*
*Große Auswahl bietet das Tier und*
*Pflanzenreich*
*In Moor und Sumpf ist der Boden*
*unter Füßen weich*

*Auf grünen Wiesen Blum' an Blum'
hier blüht
Die Seele wird frei während die Sonne
am Firmament verglüht
Die Seen laden hier zum Baden ein
Das Wasser ist klar und rein
Egal ob Bega, Ilse oder Werre fließen
Auch hoch zu Ross kann man Natur
genießen
Die reine Luft wird hier anerkannt
Luftkurorte sind über Grenzen weit
hinaus bekannt
Durch die fürstliche Familie lebt eine
große Tradition
Dadurch leuchtet Lippe in einer
anderen Dimension
In Lippe geboren und zu leben erfüllt
uns mit Stolz
Wir Lipper sind eben aus ganz
besonderem Holz*
\*\*\*\*\*\*

Kurt von der Heide veröffentlichte in diesem Verlag auch noch folgende Bücher:

### Gedichte - meine Träume

**Träumen Sie mit mir**

Kurt von der Heide zeigt in diesem Buch ein breites Spektrum seiner dichterischen Ausdrucksstärke.
Er lässt seine Leser teilhaben an Gedichten und Gefühlen aus dem Leben, zum nachdenken, zum schmunzeln und einfach zum genießen.

**Books on Demand**
**ISBN 978-3-7322-4449-2, Paperback, 56 Seiten**

**Kurzweilige Kurzgeschichten**

**Wer hat schon Zeit für langweilige Langgeschichten**

Egal ob Natur, Liebe oder Humor der Auto entführt sie in seine Welt von Kurzgeschichten wobei niemand vor Überraschungen sicher ist!
Entspannte Lesefreuden sind garantiert!

**Books on Demand**
ISBN 978-3-7322-4562-8, Paperback, 64 Seiten

## Religiöse Gedichte – denn wer glaubt vertraut

### Gedichte und Gebete nicht nur für Kirchgänger

In diesem Buch hat Kurt von der Heide religiöse Gedichte und Gebete geschrieben die sich ihm nach eigenen, schweren Schicksalsschlägen aufdrängten. Er möchte auch seine Mitmenschen ermutigen sich mit diesem Thema zu beschäftigen.

**Books on Demand**
ISBN 978-3-7322-5003-5, Paperback
60 Seiten